Peter Adoyo

Prevenção do VIH/SIDA na comunidade surda da região ocidental, Quénia

Peter Adoyo

Prevenção do VIH/SIDA na comunidade surda da região ocidental, Quénia

ScienciaScripts

Imprint

Cover image: www.ingimage.com

This book is a translation from the original published under ISBN 978-620-2-02512-6.

Publisher:
Sciencia Scripts
is a trademark of
Dodo Books Indian Ocean Ltd. and OmniScriptum S.R.L publishing group

120 High Road, East Finchley, London, N2 9ED, United Kingdom
Str. Armeneasca 28/1, office 1, Chisinau MD-2012, Republic of Moldova, Europe
Printed at: see last page
ISBN: 978-620-7-75747-3

PREVENÇÃO DO VIH/SIDA NA COMUNIDADE SURDA DA REGIÃO OCIDENTAL, QUÉNIA

Conteúdo

RESUMO

O VIH/SIDA é uma grande ameaça para a vida dos jovens, uma vez que cerca de metade de todas as novas infecções por VIH ocorrem entre pessoas com idades compreendidas entre os 15 e os 24 anos. A pandemia de SIDA continua a ter um efeito profundo nas famílias, sejam elas surdas ou ouvintes. Existe uma epidemia internacional de VIH/SIDA que afecta as comunidades surdas em todas as partes do mundo. A NYAWERI VCT para surdos no Quénia Ocidental foi criada em setembro de 2004 para responder às necessidades das pessoas surdas, incluindo o fraco acesso à informação sobre o VIH/SIDA, sexo seguro, programas de tratamento inadequados e questões como a confidencialidade na comunidade. O objetivo desta avaliação era determinar em que medida o projeto surdo de Nyaweri tinha atingido os seus objectivos iniciais e se o projeto tinha criado um impacto nos jovens surdos das províncias de Nyanza e do Oeste do Quénia. Os objectivos específicos eram os seguintes Estabelecer o nível de conhecimentos sobre o VIH/SIDA e as práticas de prevenção de riscos adquiridas até à data pelos jovens surdos das províncias de Nyanza e do Oeste; Identificar a atitude dos jovens surdos das províncias de Nyanza e do Oeste em relação à aceitação do ATV; Estabelecer até que ponto os educadores de pares surdos foram eficazes na condução de programas de sensibilização através da mobilização da comunidade entre os jovens surdos das províncias de Nyanza e do Oeste; Estabelecer os factores que influenciaram a escolha das estratégias de intervenção sobre o VIH/SIDA entre os jovens surdos das províncias de Nyanza e do Oeste. Para realizar o estudo, foi utilizado um modelo de inquérito descritivo. Foi utilizado no estudo um quadro concetual que mostra os factores que influenciam a prevenção do VIH/SIDA. De uma população-alvo de 792 pessoas, foi utilizada uma amostragem intencional para selecionar 259 jovens surdos inquiridos com idades compreendidas entre os 13 e os 19 anos. Dez inquiridos para o FGD e 10 inquiridos para o KII também fizeram parte do estudo. Os instrumentos utilizados para a recolha de dados foram questionários, discussões em grupo (FGD) e entrevistas com informadores-chave (KII). Os instrumentos de investigação foram testados em 10% da população para verificar a sua fiabilidade. A validade facial dos instrumentos foi verificada por peritos do departamento de educação especial da Universidade de Maseno. Para efeitos de análise, os dados foram categorizados em dois, nomeadamente: os que conhecem e os que não conhecem o projeto Nyaweri Deaf, para determinar se havia alguma variação. Os dados quantitativos foram analisados utilizando estatísticas descritivas, tais como percentagens, contagens de frequência e médias. Os dados qualitativos derivados das Discussões do Grupo Focal e das Entrevistas com Informadores-Chave foram transcritos, categorizados em temas emergentes e depois foi efectuada uma análise de conteúdo. Os resultados indicaram que os inquiridos estavam cientes das estratégias de prevenção, tais como evitar relações sexuais com pessoas infectadas, partilhar agulhas em piercings e tatuagens, utilizar instrumentos não esterilizados e praticar sexo sem segurança. Por outro lado, estavam cientes de mitos como o de serem infectados pelo VIH através da partilha de roupas, abraços e apertos de mão. O uso do preservativo como medida de segurança era popular entre os membros da comunidade surda. Os resultados indicaram que o pessoal da Nyaweri, embora pouco, era eficiente e trabalhador. A mobilização comunitária foi eficaz, embora o pessoal fosse demasiado reduzido para cobrir a região mais vasta das províncias de Western e Nyanza. A atitude em relação à aceitação do ATV, tanto nas escolas como em casa, foi positiva e o número de pessoas que tinham feito o teste e de pessoas que planeavam fazê-lo era comparativamente elevado, como ficou patente nos resultados dos questionários, bem como nas discussões das entrevistas com os informantes e dos debates dos grupos de centragem. Este facto parece ter resultado numa mudança de comportamento. A partir das conclusões, parece não ter havido factores especiais que influenciassem a escolha de estratégias de intervenção específicas com base nas perspectivas dos jovens surdos. No entanto, eles preferiram a utilização de preservativos e a abstinência. Recomenda-se que a informação sobre o VIH/SIDA seja dada à comunidade surda em língua gestual queniana, para melhorar a sua compreensão.

INTRODUÇÃO

1.1 Antecedentes do estudo

A pandemia de VIH/SIDA é um problema de saúde mundial cuja cura tem permanecido ilusória nas últimas duas décadas, desde que surgiu em 1981. De acordo com o relatório da ONUSIDA (2010), mais de 25 milhões de pessoas morreram de SIDA desde 1981. No final de 2007, as mulheres representavam 50% de todos os adultos que vivem com VIH em todo o mundo e 59% na África Subsariana. De um modo geral, a tendência global mostra que o número de pessoas que vivem com o VIH aumentou de cerca de 8 milhões em 1990 para 33 milhões no final de 2007, e continua a crescer. Cerca de 67% das pessoas que vivem com o VIH encontram-se na África Subsariana (UNAIDS, 2008). O VIH/SIDA é, por conseguinte, uma grande ameaça para a vida dos jovens, uma vez que cerca de metade de todas as novas infecções por VIH ocorrem entre as pessoas com idades compreendidas entre os 15 e os 24 anos (G.O.K., 2003). Além disso, a ONUSIDA (2010) indicou que havia 11,6 milhões de órfãos da SIDA em África até ao final de 2007. Isto implica que os jovens fazem talvez parte da população mais afetada pela epidemia. A pandemia de SIDA continua a ter um efeito profundo nas famílias e comunidades em África, levando a um aumento dramático do número de órfãos e a uma maior procura de cuidados e apoio para as pessoas afectadas.

A pandemia de VIH/SIDA prevalece no Quénia há mais de duas décadas, desde que o primeiro caso de infeção por VIH/SIDA foi descoberto em 1984. De acordo com o documento do G.O.K. (2003) sobre a Política de Desenvolvimento da Saúde Reprodutiva dos Adolescentes, estima-se que 2,2 milhões de quenianos tenham sido infectados com o VIH/SIDA, enquanto 1,5 milhões de quenianos já morreram da doença, e que cerca de

20% de todos os doentes de SIDA notificados eram jovens com idades compreendidas entre os 15 e os 24 anos. A prevalência do VIH no país aumentou de 6,7% em 2003 para 7,8% em 2007, o que indica um aumento de mais 1,2 milhões de quenianos infectados com o vírus. As classificações provinciais no relatório Kenya Aids Indicator Survey (2008) colocaram Nyanza, onde Nyaweri opera, em primeiro lugar, com uma taxa de prevalência de 15,3 por cento. De acordo com a Política de Desenvolvimento da Saúde Reprodutiva, os jovens são pessoas com idades compreendidas entre
10-24 anos. O relatório da ONUSIDA (2008) estima que, no final de 2007, 7,1% a 8,5% dos adultos do grupo etário dos 15-49 anos já viviam com o VIH/SIDA no Quénia. Atualmente, este grupo representa 75% das infecções por VIH no Quénia, principalmente através do contacto heterossexual.

1.2 Declaração do problema

Quando os casos de VIH/SIDA foram diagnosticados pela primeira vez, pensava-se que a prevenção era a única forma de evitar todos os custos humanos, sociais e económicos das infecções por VIH. No entanto, a propagação contínua da pandemia mostrou que os factores que alimentaram o VIH/SIDA em primeiro lugar continuam a impedir a prevenção, os cuidados e o apoio social. O VCT de Nyaweri para surdos foi criado para atender às necessidades das pessoas surdas que não conseguiam aceder à informação sobre prevenção do VIH/SIDA apresentada em língua falada. Embora tenham sido realizados vários estudos de avaliação sobre o impacto das estratégias de prevenção do VIH na população em geral, nenhum parece ter visado diretamente a comunidade surda, cuja população é de cerca de 30.000 pessoas nas províncias de Nyanza e do Oeste. Esta limitação motivou a necessidade deste estudo. Embora os resultados da avaliação revelassem os padrões de comportamento da comunidade surda no que diz respeito à prevenção do VIH/SIDA, também indicariam o impacto do projeto Nyaweri para os surdos. Os resultados seriam utilizados para informar futuras estratégias de implementação do VCT de Nyaweri e de quaisquer outros programas que abordem as necessidades das pessoas surdas e da sua comunidade.

1.3 Objetivo do estudo

O objetivo deste estudo era determinar até que ponto o projeto surdo de Nyaweri tinha atingido os seus objectivos iniciais e descobrir o nível de impacto criado nas comunidades surdas das províncias de Nyanza e Ocidental no que diz respeito à prevenção do VIH/SIDA, à formação do carácter e à mudança de comportamento.

1.3. 1 Objectivos da avaliação

Os objectivos específicos desta avaliação foram os seguintes

i. Determinar o nível de conhecimentos sobre o VIH/SIDA e as práticas de prevenção de riscos até agora adquiridos pelos jovens surdos nas províncias de Nyanza e do Oeste;

ii. Identificar a atitude dos jovens surdos nas províncias de Nyanza e Ocidental relativamente à aceitação do ATV;

iii. Descobrir até que ponto os educadores de pares surdos têm sido eficazes na realização de programas de proximidade através de mobilizações comunitárias entre os jovens surdos nas províncias de Nyanza e do Oeste;

iv. Estabelecer os factores que influenciam a escolha de estratégias de intervenção no domínio do VIH/SIDA entre os jovens surdos das províncias de Nyanza e do Oeste.

1.3.2 Questões de avaliação

As seguintes questões de investigação orientaram esta avaliação.

i. Que nível de conhecimentos sobre o VIH/SIDA e práticas de prevenção de riscos adquiriram os jovens surdos das províncias de Western e Nyanza?

ii. Qual é a atitude dos jovens surdos das províncias de Nyanza e do Oeste em relação à aceitação do ATV?

iii. Até que ponto os educadores de pares surdos foram eficazes na realização de programas de divulgação através de campanhas e mobilização comunitária entre as comunidades surdas nas províncias de Western e Nyanza;

iv. Que factores influenciaram a escolha das estratégias de intervenção com base na perspetiva dos jovens surdos nas províncias de Western e Nyanza.

1.4 Pressupostos da avaliação

Durante a realização da avaliação, foram adoptadas as seguintes hipóteses:

i. Todos os inquiridos no estudo estariam dentro do grupo etário dos 13 aos 24 anos, pelo que poderiam ser referidos como jovens, com exceção dos informadores-chave e dos envolvidos nas discussões dos grupos de discussão;

ii. Todos os inquiridos tinham conhecimento do projeto VCT da NYAWERI e das suas actividades.

1.5 Importância da avaliação

Os jovens no Quénia têm sido, desde há muito tempo, uma categoria negligenciada da população no que diz respeito à saúde reprodutiva e só recentemente é que o governo apresentou um documento de política que aborda as questões que os afectam. O documento da Política de Desenvolvimento da Saúde Reprodutiva dos Adolescentes do Quénia (KARHDP) reconhece os jovens com deficiência como um grupo marginalizado e delineia as acções estratégicas necessárias para resolver a sua situação através da promoção do acesso à informação e aos serviços de saúde reprodutiva e através da garantia de apoio a programas baseados na comunidade para adolescentes e jovens com deficiência. No entanto, existem ainda lacunas que devem ser colmatadas no que respeita a várias deficiências com necessidades específicas, especialmente os jovens surdos que constituem uma minoria linguística (G.O.K., 2003).

Neste contexto, o Projeto Nyaweri Deaf foi iniciado para preencher a lacuna no que diz respeito à prevenção do VIH/SIDA entre a comunidade surda. Não só complementou a política e os esforços do governo, mas também serviu como um estudo de caso típico que pode ser reproduzido noutros locais com base nas lições aprendidas. Esta avaliação permitirá que os executores do projeto tomem medidas correctivas, continuem com a conceção atual do projeto tal como está ou documentem as lições aprendidas para futuros projectos semelhantes noutros locais. Espera-se que os resultados da avaliação orientem as partes interessadas a desenvolver quadros lógicos realistas para programas de prevenção do VIH/SIDA, especialmente para os jovens surdos. Além disso, os resultados contribuirão para o conhecimento e a prática do programa de prevenção do VIH/SIDA, não só para os jovens surdos, mas também para a população jovem em geral no Quénia.

1.6 . Quadro concetual

O quadro concetual deste estudo baseou-se nos factores que influenciam a prevenção do VIH/SIDA. Tal como ilustrado na Figura 1, as práticas comportamentais e sexuais podem conduzir à infeção pelo VIH/SIDA. Essas práticas incluem o uso de preservativos, a abstinência, o número de parceiros sexuais e os hábitos de beber e fumar. As pessoas que usam preservativos durante as relações sexuais, se abstêm ou têm menos encontros sexuais, são fiéis a um parceiro sexual e não bebem álcool nem fumam cigarros tendem a ter uma menor probabilidade de contrair o VIH/SIDA.

O nível de conhecimentos e de sensibilização para a transmissão, o controlo e a prevenção do VIH/SIDA também tem impacto nas infecções por VIH/SIDA. As pessoas que têm conhecimentos e estão conscientes da forma como o VIH/SIDA é transmitido, controlado e prevenido têm uma menor probabilidadede contrair o VIH/SIDA. Além disso, o nível de conhecimento e sensibilização influencia as práticas comportamentais e sexuais. Em resumo, este quadro ilustra que o VIH/SIDA pode ser prevenido através de um elevado nível de conhecimentos sobre o VIH/SIDA, práticas sexuais seguras, abstinência e através da mudança de comportamentos e atitudes

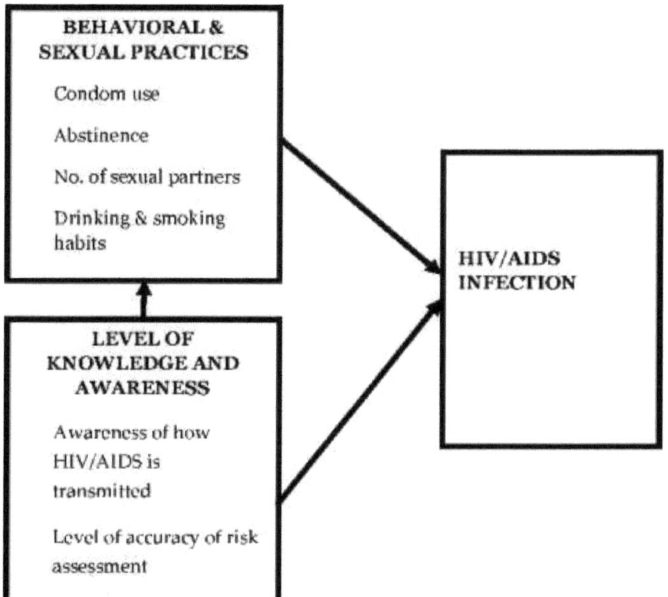

Figura 1: Quadro concetual que mostra os factores que influenciam a prevenção do VIH/SIDA

1.7 Âmbito do estudo

Este estudo limitou-se aos jovens surdos das províncias de Western e Nyanza. Especificamente, o estudo centrou-se nos jovens surdos com idades compreendidas entre os 13 e os 19 anos, 95% dos quais provinham de escolas primárias e secundárias para surdos das províncias de Nyanza e Ocidental. Os restantes 5% provinham dos inquiridos das discussões dos grupos de discussão e dos informadores-chave, que incluíam os membros já existentes da Associação Nacional de Surdos do Quénia (KNAD), funcionários governamentais relevantes, Organizações Não Governamentais (ONG) e intervenientes-chave no terreno.

1.8 Limitações do estudo

A interpretação da informação do questionário, que estava em texto escrito, pode ter afetado a exatidão do significado pretendido das perguntas. Além disso, o processo de transferência de informação de uma língua para a outra teve implicações na calendarização do período de investigação, uma vez que o processo demorou mais tempo do que o previsto, demorando quinze dias em vez dos dez dias planeados

REVISÃO DA LITERATURA

Nesta secção, é apresentada uma análise da literatura relevante. Em especial, a literatura sobre os factores que contribuem para a propagação do VIH/SIDA, as estratégias de prevenção e controlo da propagação do VIH/SIDA e o VIH/SIDA e as deficiências.

2.1 Factores que contribuem para a propagação do VIH/SIDA

Foram observados vários factores que contribuem para a propagação do VIH/SIDA. Chukwu (2003) salientou que "há vários factores que contribuem para a propagação do VIH/SIDA, incluindo factores sociais (ética sexual e conjugal), culturais (práticas como a herança de viúvas e a mutilação genital feminina (MGF)), económicos (o impacto percebido da pobreza na pandemia e vice-versa) e, por último, factores políticos (o papel dos governos na luta contra a pandemia)". No entanto, Hubley (2002) afirma que a principal via de propagação do VIH é a relação sexual entre duas pessoas, quando uma delas é portadora do vírus. argumenta que a propagação do VIH/SIDA pode, no entanto, ser reduzida entre os homens circuncidados, uma vez que existem provas, provenientes de estudos, de que os homens circuncidados têm menos probabilidades de contrair DST e VIH através de relações sexuais. As questões relacionadas com o modo de transmissão e os benefícios da circuncisão têm sido questões-chave de debate no domínio público desde há muito tempo, no entanto, o que talvez falte seja a tradução total desta sensibilização em acções positivas.

2.2 Estratégias de prevenção e controlo da propagação do VIH/SIDA

Segundo Hubley (2002), as Doenças Sexualmente Transmissíveis (DST) podem ser um indicador útil para saber se o público está ou não a começar a adotar um comportamento sexual mais seguro. No entanto, a eficácia da utilização do preservativo depende em grande medida da vontade e da capacidade do homem de o utilizar corretamente. De acordo com o Inquérito Demográfico e de Saúde de 2008-2009, apenas 32% das mulheres e 37% dos homens que participaram no estudo referiram utilizar preservativos durante as relações sexuais, numa prevalência que foi estimada em 13%.

Em termos de leis necessárias para evitar a propagação do VIH, a Conferência Internacional sobre População e Desenvolvimento (CIPD), Ação Programática realizada no Cairo em 1994, recomendou a necessidade de as nações "reforçarem e expandirem os programas de deteção voluntária do VIH e assegurarem a sua confidencialidade". Nos primeiros tempos, não era claro se era benéfico para uma pessoa conhecer o seu estado de VIH. No entanto, com o aparecimento da combinação de terapias para o tratamento de pessoas com VIH e para a prevenção da transmissão de mãe para filho, agora há benefícios claros em conhecer o estado de VIH (Banda, 2006).

De acordo com Chukwu (2003), a utilização de preservativos como medida preventiva contra esta pandemia ameaçadora é uma estratégia muito apregoada, embora controversa. Os preservativos foram originalmente introduzidos há mais de 50 anos como medida contraceptiva e, mais tarde, como dispositivo preventivo contra as DST e, agora, o preservativo adquiriu um terceiro chapéu, o de dispositivo preventivo contra o VIH/SIDA. Ogot (2004) refere estudos realizados na África do Sul que demonstraram que o aumento da utilização do preservativo pode alterar o curso da epidemia e reduzir o seu impacto. Estes argumentos suscitam considerações éticas que dificultam a escolha do uso do preservativo como um dispositivo preventivo aceitável para todos. No entanto, o Quénia desenvolveu recentemente uma política e uma estratégia nacionais em matéria de preservativos. De acordo com Alcala (1995), o objetivo da Política e Estratégia do Preservativo é melhorar o acesso a preservativos de qualidade a preços acessíveis através de um sistema de prestação de serviços eficaz e reativo. Além disso, destaca os jovens como um grupo-alvo crítico que precisa de educação e informação necessárias para lidar com as mudanças biológicas, o desenvolvimento cultural e social durante a adolescência, e como podem responder adequadamente a estas transições sem pôr em perigo as suas vidas ou a sua saúde reprodutiva." (G.O.K., 2001).

Outra estratégia que foi adoptada no Quénia para a prevenção e o controlo da propagação do VIH/SIDA é a do aconselhamento e teste voluntários (ATV). Hubley (2002) afirma que o desenvolvimento de serviços de ATV e a promoção da sua aceitação pela comunidade são atualmente considerados como uma abordagem importante para a prevenção. Por exemplo, enquanto no Uganda a criação dos serviços de ATV foi uma resposta à exigência de alguns membros da comunidade de conhecerem o seu estado de VIH, no Quénia, pelo contrário, os serviços de ATV foram introduzidos pelo governo bastante tarde, como último recurso, tendo em conta que o vírus VIH foi detectado pela primeira vez no país em 1984. De acordo com o programa de ação da Conferência Internacional sobre População e Desenvolvimento (CIPD), realizada no Cairo em 1994, foi acordado que os governos deveriam "desenvolver orientações e serviços de aconselhamento sobre a SIDA e as DST no âmbito do sistema de cuidados de saúde primários". No Quénia, a sensibilização para o ATV tem vindo a aumentar, embora não se possa concluir o mesmo no caso da comunidade surda queniana, à qual foi negada esta informação crucial devido à falta de acesso à língua falada, que é amplamente utilizada para divulgar a informação sobre o VIH/SIDA

No ano de 2003, o Quénia declarou o VIH/SIDA como uma catástrofe nacional e, desde então, foram envidados esforços concertados para combater a epidemia, tendo sido realizados progressos significativos numa série de áreas críticas de resposta. Um dos principais avanços foi o desenvolvimento do Plano Estratégico Nacional para o VIH e a SIDA do Quénia (KNASP) 2005/62009/10, que orientou a execução dos programas de VIH no Quénia e constituiu um bom ponto de referência para os programas de todas as partes interessadas. No entanto, com as novas informações recolhidas principalmente através do Kenya AIDS Indicator Survey (KAIS, 2008) e do Kenya Modes of HIV Transmission study (K-MoHT), bem como de outras tendências emergentes da epidemia, tornou-se necessário avaliar as abordagens de prevenção do VIH/SIDA (Kenya National AIDS/STI Control Programme, 2008).

2.3 VIH/SIDA e deficiências

Esta subsecção aborda questões relacionadas com o VIH/SIDA e as deficiências em geral, bem como o VIH/SIDA e a comunidade surda.

2.3.1 VIH/SIDA e deficiências gerais

A United Nations Enable (2006) define as pessoas com deficiência como pessoas que têm incapacidades físicas, mentais, intelectuais ou sensoriais de longa duração que, em interação com várias barreiras, podem impedir a sua participação plena e efectiva na sociedade em condições de igualdade com os outros. O relatório da Organização Internacional do Trabalho (OIT, 2004) salientou que não existem dados exactos sobre a situação das pessoas com deficiência.

No entanto, existem algumas estatísticas, embora seja geralmente aceite que estas não dão uma imagem exacta da prevalência real da deficiência. Por exemplo, o Inquérito Nacional do Quénia sobre Pessoas com Deficiência

(KNSPD) do Governo do Quénia (2008) indicou que pelo menos 4,6% dos quenianos sofrem de alguma forma de deficiência, sendo que o maior número de pessoas com deficiência ocorre entre os 0 e os 14 anos de idade. No entanto, o Censo da População do Quénia de 2009 mostrou que, de uma população total de 38 milhões no Quénia, 1,4 milhões eram pessoas com deficiência e, destas, 300.000 eram surdas.

Uma das marcas da epidemia de VIH/SIDA tem sido o seu impacto nesta população vulnerável e, surpreendentemente, uma das populações mais vulneráveis do mundo - os indivíduos que vivem com deficiências sensoriais permanentes (surdez, cegueira), intelectuais ou mentais - tem sido quase totalmente ignorada, apesar do facto de estarem em risco igual ou acrescido de exposição a todos os factores de risco conhecidos do VIH/SIDA. Os programas e campanhas de sensibilização sobre como prevenir, gerir e viver positivamente com a SIDA raramente foram tornados acessíveis aos deficientes auditivos e visuais. Os programas de educação sexual para pessoas com deficiência são raros (Collins et al., 2001). De acordo com a UNICEF (1999), quase nenhuma campanha geral sobre o VIH/SIDA se centra nas necessidades das pessoas com deficiência. Muitos dos factores de risco estabelecidos para o VIH/SIDA - pobreza, analfabetismo, estigma e marginalização - são idênticos aos das pessoas com deficiência e a ligação entre deficiência, marginalização social e VIH continua a existir.

A maior parte da informação sobre o VIH/SIDA e temas conexos não está disponível em Braille ou em letras grandes, pelo que é inacessível aos cegos e às pessoas com outras deficiências visuais. Também enfrentam dificuldades no acesso a cuidados médicos devido a factores como a incapacidade de ler materiais, incluindo instruções sobre medicamentos que lhes são prescritos. Têm dificuldade em determinar o prazo de validade impresso nas capas dos preservativos. A maioria dos serviços de teste e aconselhamento sobre o VIH existentes é fisicamente inacessível para as pessoas com deficiências físicas e as mensagens não chegam às pessoas com deficiências intelectuais.

Groce (2004) identificou a pobreza, a falta de educação, a falta de informação sobre o VIH e as estratégias de sexo seguro, o risco elevado de violência e violação, o abuso de substâncias, a proteção e a vulnerabilidade dos órfãos com deficiência como factores que conduzem a um risco acrescido de contrair o VIH. De acordo com Adonis et al. (2010), a luta contra o VIH/SIDA demonstrou que a exclusão das pessoas com deficiência (PCD) é um fator de vulnerabilidade influente que pode atrasar as medidas de prevenção. A estigmatização e a discriminação, geralmente associadas à existência de uma deficiência, constituem um importante fator de vulnerabilidade sexual que se junta a outros factores biopsicossociais inerentes à deficiência.

No seu relatório, Hanass-Hancock (2009), que realizou uma análise sistemática centrada no trabalho empírico sobre a deficiência e o VIH/SIDA em África, concluiu que as pessoas com deficiência eram muito vulneráveis a contrair o VIH por não terem acesso a informação, testes e tratamento. Os resultados revelaram lacunas na investigação e apontaram áreas de preocupação, referindo que existiam apenas alguns estudos de prevalência em África. É de salientar que, embora tenha havido algum trabalho centrado na população surda, pouco foi feito em relação a outros grupos de pessoas com deficiência e foi recomendada investigação nesta área em África

2.3.2 VIH/SIDA e a comunidade surda

De acordo com Wilson e Monaghan (2006), existe uma epidemia internacional que afecta as comunidades surdas em todas as partes do mundo. Num estudo realizado por Monaghan (2003) em Maryland, EUA, os resultados indicaram que as pessoas surdas têm 2 a 10 vezes mais probabilidades de serem seropositivas do que as pessoas ouvintes. Isto foi atribuído aos desafios que enfrentam, incluindo o fraco acesso à informação sobre o VIH/SIDA e o sexo seguro, programas de tratamento inadequados, questões como a confidencialidade no seio da comunidade, dificuldade em obter informação dos meios de comunicação social e falta de programas de prevenção dirigidos especificamente a eles.

Isto chegou ao conhecimento de várias comunidades de surdos no mundo e cada uma destas comunidades está atualmente a fazer tentativas para combater o flagelo de várias formas. A África do Sul desenvolveu cassetes de vídeo educativas sobre o VIH/SIDA para os surdos; a Gâmbia está a divulgar informação sobre o VIH/SIDA através de pequenos programas de formação e de peças de teatro na comunidade surda. Um grupo na área de Chicago, nos EUA, desenvolveu um sítio Web com vídeos em Língua Gestual Americana sobre o VIH/SIDA. Teferi (2006) relata indícios de VIH/SIDA na comunidade surda da Etiópia, mas observa que pouco está a ser feito em termos de sensibilização.

A VSO/LVCT (2008) relata duas abordagens principais que estão a ser utilizadas por organizações na Etiópia para prestar serviços de sensibilização para o VIH/SIDA entre os deficientes visuais. Estas incluem: Educação pelos pares e desenvolvimento de materiais de comunicação de informação e educação. A Zâmbia relatou ter práticas inovadoras de gestão de informação, que incluem a utilização de transcrições e impressões de informação sobre o VIH/SIDA, a utilização de livros áudio pelos cegos e a utilização de cassetes de vídeo com informação sobre o VIH/SIDA.

Existem várias estratégias de intervenção que se revelaram eficazes na prevenção do VIH/SIDA entre os jovens surdos. Um estudo de caso realizado sobre o projeto de sensibilização para o VIH/SIDA para surdos em Nairobi, no Quénia, pela Sahaya International Inc., em 2002, revelou que a utilização da língua gestual queniana e as abordagens interactivas participativas eram abordagens eficazes para a sensibilização para o VIH/SIDA. O estudo de caso também descobriu que a utilização de teatros magnéticos, que implica a utilização de pequenos dramas e esquetes representados por pessoas com deficiência, eram estratégias importantes porque combinam educação e entretenimento. Embora o governo queniano reconheça os desafios colocados pelo efeito combinado da deficiência, em particular a surdez, e do VIH/SIDA, e observe que se trata de uma situação de extrema necessidade, a medida em que o flagelo infectou ou afectou as pessoas com deficiência, incluindo os jovens surdos, ainda não foi determinada, embora estes tenham níveis de prevalência semelhantes aos do resto da população (Adoyo, 2006).

Maletse e Morgan (2006) referiram que existe uma epidemia de VIH/SIDA que afecta as comunidades surdas em todas as partes do mundo. Outros investigadores (por exemplo, Wilson & Monaghan, 2006) também revelaram que muitos surdos vivem atualmente com o VIH e morrem de SIDA a uma taxa muito mais elevada do que os seus homólogos ouvintes, principalmente devido à falta de acesso a informação sobre o VIH/SIDA, sexo seguro e programas de tratamento adequados. Segundo Wilson e Kakiri

(2005), os surdos quenianos não informados sobre a SIDA foram casados pelas suas comunidades com viúvas infectadas com o VIH pelos seus maridos doentes. De acordo com Adoyo (2004), os programas de rádio que ensinam sobre o VIH/SIDA são inacessíveis às pessoas surdas e os programas de televisão raramente são interpretados ou legendados para os surdos. As revistas e jornais impressos podem não chegar às zonas rurais, onde prevalece uma elevada taxa de VIH/SIDA, e a incidência significativa de analfabetismo entre as pessoas surdas também dificulta os esforços para as sensibilizar para o VIH/SIDA através da imprensa.

Tendo percebido que os quenianos surdos estavam a morrer de SIDA, a Associação Nacional de Surdos do Quénia, Região Ocidental, iniciou um projeto para pessoas surdas que coordenaria a sensibilização para as questões do VIH/SIDA na comunidade surda desta região. Este projeto foi designado NYAWERI VCT, que é um acrónimo de NYANZA, WESTERN e RIFT VALLEY region. O objetivo do projeto NYAWERI VCT era divulgar informações relacionadas com o VIH/SIDA aos membros da comunidade surda, eles próprios surdos, numa língua que pudessem compreender facilmente, ou seja, a língua gestual queniana, servindo uma população estimada em 30.000 surdos das províncias de Nyanza, Western e Rift Valley. O projeto foi concebido para satisfazer as seguintes necessidades

i. Sensibilizar para as práticas de risco que podem tornar os jovens surdos vulneráveis à infeção pelo VIH;

ii. Envolver os educadores de pares na disseminação de informação sobre o VIH/SIDA entre as comunidades surdas através de programas de proximidade que envolvam campanhas e mobilização da comunidade;

iii. Oferecer serviços de Aconselhamento e Testagem Voluntária (ATV) eficazes e de qualidade à comunidade surda, utilizando a língua gestual queniana como canal de divulgação;

iv. Criação de um centro de ATV e de uma instalação móvel para surdos, que servirá os surdos das províncias de Nyanza, Western e Rift Valley;

v. Prestar serviços de cuidados ao domicílio (HBC) e melhorar a qualidade de vida dos membros surdos seropositivos e com SIDA;

vi. Estabelecer um programa comunitário informatizado de informação sanitária e de linguagem gestual sobre o VIH/SIDA para a comunidade surda;

vii. Trabalhar em rede com as partes interessadas e os parceiros relevantes para combater o flagelo do VIH/SIDA na comunidade surda.

Esta avaliação é, por conseguinte, uma tentativa de determinar em que medida o Nyaweri Deaf Project cumpriu os objectivos definidos anteriormente.

METODOLOGIA DE INVESTIGAÇÃO

A conceção da investigação, a amostra e a técnica de amostragem, os procedimentos de recolha de dados, a fiabilidade e a validade dos instrumentos de investigação, as considerações éticas e os métodos de análise dos dados são apresentados nesta secção.

3.1 Conceção da investigação

O estudo utilizou um modelo de inquérito descritivo que envolveu a recolha de dados de uma amostra da população de jovens surdos, a fim de determinar a situação dessa população em relação a uma ou mais variáveis.

3.2 População do estudo

A população-alvo deste estudo era constituída por 792 alunos surdos de 16 escolas primárias e três escolas secundárias para surdos situadas nas províncias de Nyanza e do Oeste do Quénia, vinte dirigentes de organizações associadas a associações de surdos e vinte funcionários da educação, todos das províncias do Oeste e de Nyanza.

3.3 Amostra e técnica de amostragem

Foi utilizada uma técnica de amostragem intencional para selecionar 259 jovens surdos com idades compreendidas entre os 13 e os 19 anos de uma população-alvo de 792 jovens surdos nas províncias de Nyanza e do Oeste do Quénia. Dez funcionários de organizações associadas ao apoio aos surdos e dez funcionários do sector da educação das províncias de Nyanza e do Oeste foram também seleccionados propositadamente para o estudo, para debates em grupos de discussão e entrevistas a informadores-chave, respetivamente.

3.4 Instrumentos de recolha de dados

Os principais instrumentos de recolha de dados primários foram o questionário individual para alunos surdos, o programa de entrevistas para informadores-chave (KII) e o programa de entrevistas para grupos de discussão. Cada um dos instrumentos é descrito a seguir.

3.4.1 Questionário individual para jovens surdos

Foi elaborado um questionário individual semi-estruturado para jovens surdos, com perguntas fechadas e abertas. Uma vez que este estudo se debruçava principalmente sobre pontos de vista, opiniões e percepções, essas questões, segundo Mugenda e Mugenda (1999), são mais bem recolhidas através da utilização de questionários e entrevistas. Tal como Oso e Onen

(2005) explicam que os questionários são particularmente adequados se a população for grande e o tempo for limitado. O questionário semi-estruturado foi importante na medida em que permite ao investigador equilibrar a quantidade e a qualidade dos dados recolhidos, o que foi útil para a explicação dos fenómenos sob investigação.

3.4.2 Ferramenta de informadores-chave

Foi preparada uma ferramenta de informadores-chave para recolher informações de intervenientes-chave, tais como funcionários do governo, chefes de ONG e outros líderes de opinião na área do projeto. A informação recolhida com esta ferramenta ajudou na triangulação e clarificação de certas dimensões políticas da prevenção e controlo do VIH/SIDA.

3.4.3 Ferramenta de discussão em grupo

Foi criado um instrumento de entrevista para a recolha de dados durante a discussão dos grupos de discussão que não podiam ser diretamente observados ou que eram difíceis de registar por escrito, tais como pontos de vista, opiniões, percepções, sentimentos e atitudes. Oso e Onen (2005), em apoio a este instrumento, referiram que as entrevistas garantem que o investigador ganha controlo sobre a linha de questionamento e fornecem informações que não podem ser diretamente observadas. Também fornece informações históricas. As Discussões de Grupos Focais (FGD) recolheram dados de grupos de jovens surdos no projeto. Esta ferramenta foi útil para a partilha de experiências e permitiu discussões aprofundadas. Também facilitou a triangulação da informação obtida nas entrevistas individuais. Cada entrevista demorou 7-10 minutos

3.5 Procedimentos de recolha de dados

A fim de assegurar o controlo da qualidade dos dados, foram tomadas várias medidas a vários níveis. Os dados foram recolhidos por assistentes de investigação surdos bem treinados, capazes de interpretar o texto escrito para a Língua Gestual do Quénia (KSL). A utilização de pessoas surdas como investigadores assistentes com os seus pares foi considerada um fator crucial na mobilização social e no estabelecimento de uma relação significativa com o grupo. Isto foi feito para aumentar a aceitabilidade, bem como para uma recolha de dados eficaz na comunidade surda. Na fase de desenvolvimento do questionário, os questionários foram avaliados no contexto do objetivo da investigação e discutidos com as partes interessadas. Foi efectuada uma formação intensiva dos assistentes de investigação, que eram eles próprios surdos, e dos supervisores, para garantir o cumprimento das técnicas normalizadas. O investigador principal supervisionou de perto a equipa de investigação durante todo o processo de investigação. As discussões em grupo e as entrevistas com informadores-chave foram orientadas de modo a garantir uma contribuição máxima e consistente dos participantes. Dois supervisores e dez assistentes de investigação surdos realizaram as entrevistas sob a coordenação direta do investigador principal. Antes da recolha de dados, foi obtido o consentimento informado utilizando as fichas de informação e os formulários de consentimento anexados aos instrumentos.

Os inquiridos foram contactados através dos directores das suas escolas, por meio de cartas. Os informadores-chave seleccionados e as associações de grupos de surdos receberam cartas a solicitar entrevistas. Foram efectuados contactos telefónicos para dar seguimento às cartas e confirmar a hora e o local mais adequados para cada entrevista, que durou entre 7 e 10 minutos

3.6 . Fiabilidade e validade dos instrumentos de investigação

Os instrumentos de investigação foram testados em 10% da população total para verificar a fiabilidade antes do início do estudo. O coeficiente alfa foi utilizado na estimativa da fiabilidade dos instrumentos de recolha de dados. As informações obtidas no pré-teste foram utilizadas para rever e aperfeiçoar os instrumentos. A validade facial dos instrumentos de investigação foi verificada pelos peritos em psicometria do Departamento de Psicologia Educacional da Universidade de Maseno.

3.7 . Considerações éticas

Não foram obtidas informações pessoais dos informadores-chave, mas sim as suas percepções, pontos de vista e ideias sobre políticas e programas. As principais considerações éticas incidiram sobre o consentimento informado, a confidencialidade dos dados e a autorização ética para a realização da investigação. A autorização ética foi obtida junto do Comité de Ética e Investigação do Hospital Nacional Kenyatta. Antes da recolha de dados, foi obtido o consentimento informado utilizando as fichas de informação e os formulários de consentimento anexados aos instrumentos. As respostas não foram atribuídas a indivíduos, pelo que a confidencialidade foi mantida. Antes do início da entrevista, os participantes foram informados do seu direito de se recusarem a participar e de terminarem a entrevista em qualquer altura durante a sessão de entrevista, se assim o desejassem.

A equipa de pessoal de investigação recebeu formação sobre a importância da confidencialidade antes de iniciar o exercício de recolha de dados. Todos os dados (cópias electrónicas, formulários de dados e notas do guia do informador-chave) foram guardados em segurança e só seriam acessíveis à equipa de investigação específica e/ou aos analistas de dados.

3.8 . Métodos de análise de dados

Os dados quantitativos foram devidamente codificados antes de serem introduzidos no Statistical Package for the Social Sciences Versão 16. Os dados foram analisados utilizando estatísticas descritivas, ou seja, percentagens, contagens de frequência e médias. Os dados qualitativos derivados dos debates dos grupos de discussão e das entrevistas com informadores-chave foram transcritos, categorizados em temas emergentes e depois apresentados sob a forma de texto.

RESULTADOS E DISCUSSÃO

4.1 Introdução

Esta secção apresenta os resultados e as discussões das análises. Em particular, são apresentados e discutidos os conhecimentos sobre o VIH/SIDA dos jovens surdos e as suas práticas de prevenção de riscos, a sua atitude em relação à aceitação do ATV, a eficácia dos programas de proximidade do Projeto VIH/SIDA de Nyaweri e os factores que influenciam a escolha de estratégias de intervenção baseadas nas perspectivas dos jovens surdos. Juntamente com estas são apresentadas informações demográficas sobre a idade, sexo e habilitações literárias dos inquiridos, resumidas nos quadros 1, 2 e 3, respetivamente.

Quadro 1: Faixa etária dos inquiridos (n=259)

10-13	32	12.4
14-17	153	59.0
18-23	74	28.6
Total	**259**	**100**

Tabela 2: Distribuição dos inquiridos por sexo (n=259)

Sexo	f	%
Feminino	154	57.1
Masculino	115	42.9
Total	**259**	**100**

Quadro 3: Distribuição dos inquiridos Nível de escolaridade (n=259)

Nívelf %

Primário16 64

6

Secundário 36

/Profissional93

Total259 100

4.2 . Conhecimentos sobre o VIH/SIDA e práticas de prevenção de riscos

O estudo investigou o nível de conhecimentos sobre o VIH/SIDA e as práticas de prevenção de riscos entre os jovens surdos. Os resultados revelaram que a sua perceção do risco de contrair o VIH era tal que 112 (44%) eram da opinião de que corriam um risco elevado, 72 (26,9%) indicavam que corriam um risco baixo e 68 (29,1%) indicavam que não corriam qualquer risco. Esta conclusão indica que, de um modo geral, a perceção do risco é baixa entre os jovens surdos das províncias de Nyanza e do Oeste do Quénia e está de acordo com o estudo de Touko et al. (2010) que envolveu jovens surdos nos Camarões e que também concluiu que apenas 36% dos jovens do estudo nos Camarões se consideravam potencialmente em risco de contrair o VIH/SIDA.

Os jovens expressaram uma série de explicações para a diferença de opiniões nas diferentes categorias de perceção de risco. Um resumo de um inquirido do sexo masculino de Mumias, durante a Discussão do Grupo Focal (FGD), foi o seguinte

"*O VIH/SIDA está em todo o lado; as pessoas estão a morrer de SIDA, toda a gente está em risco, é altamente disseminado, facilmente adquirido, e as pessoas não se abstêm, têm muitos parceiros sexuais, além disso, o VIH/SIDA não é apenas transmitido através do sexo, mas de outros instrumentos contaminados utilizados por pessoas infectadas.*"

Por outro lado, um inquirido do sexo masculino de Bungoma no grupo de discussão de baixo risco afirmou que

"...........os alunos da escola abstêm-se, não têm relações sexuais e tentam comportar-se moralmente

erguer-se e utilizar as medidas de segurança recomendadas".

Um inquirido de Nyanza que afirmava não estar em risco apresentou a seguinte justificação

"Sou saudável. Não me envolvo em maus comportamentos. Abstenho-me, não tenho parceiro sexual, nunca tive uma namorada, fiz uma formação em aconselhamento."

As informações acima indicam que os jovens surdos apresentam níveis variados de perceção de risco, mesmo que venham da mesma região.

O quadro 1 mostra a opinião dos jovens surdos sobre as formas de contrair e controlar o VIH/SIDA, bem como a sua atitude em relação às pessoas que vivem com o VIH/SIDA

(PLWAs). A informação provém de dois grupos de inquiridos: os que tinham conhecimento da existência do Projeto Nyaweri para Surdos (n=159) e os que não tinham conhecimento do Projeto Nyaweri para Surdos (n=100). Entre os que conheciam o Nyaweri, os resultados mostraram que as relações sexuais com uma pessoa infetada foram seleccionadas pelo maior número de inquiridos 149 (93,7%) como a principal forma de contrair o VIH, seguidas da utilização de instrumentos não esterilizados e da partilha de agulhas para furar as orelhas, por esta ordem. Isto está de acordo com a afirmação feita por Hubley (2002), que referiu que a principal via de propagação do VIH/SIDA é a relação sexual entre duas pessoas quando uma delas é portadora do vírus. Este relatório também revelou que a partilha de roupas, os abraços e os apertos de mão não foram considerados como formas de contrair o VIH, uma vez que só foram citados por 14 (8,8%), uma conclusão que é semelhante ao estudo de Touko (2010) sobre os mitos relacionados com o VIH/SIDA.

Entre os que não tinham conhecimento de Nyaweri, a forma mais importante de contrair o VIH/SIDA era através da partilha de agulhas para furar as orelhas, seguida de relações sexuais com pessoas infectadas e utilização de instrumentos não esterilizados, por esta ordem. A partir dos resultados, parece que, quer estejam conscientes ou não das actividades de Nyaweri, os inquiridos estavam familiarizados com as principais vias de transmissão do VIH/SIDA. Em ambos os casos, as quatro principais formas de contrair o VIH/SIDA eram as relações sexuais com uma pessoa infetada, tal como observado por Hubley (2002), a partilha de agulhas para furar as orelhas e fazer tatuagens, a utilização de instrumentos não esterilizados e o beijo na boca. É de notar que, apesar de uma grande parte dos inquiridos ter conhecimento das principais formas de transmissão do VIH/SIDA, uma proporção substancial ainda acredita em falsos modos de infeção. Isto está de acordo com o estudo de Giro (2004) no Quénia, em que os inquiridos surdos apresentaram opiniões semelhantes.

Em termos de sensibilização para as estratégias de controlo do VIH/SIDA, a maioria dos inquiridos concordou que os preservativos, embora amplamente utilizados, não podem garantir a proteção contra o VIH/SIDA. A utilização de preservativos foi referida como uma indicação e uma prova de cuidado consigo próprio e com os outros por 114 (76,0%) dos que estavam conscientes e 72 (69,9%) dos que não sabiam da existência de Nyaweri. 91 (59,9%) dos que tinham conhecimento da existência de Nyaweri indicaram que seria muito arriscado ter relações sexuais sem preservativos, contra 71 (69,6%) dos que não tinham conhecimento.

Quadro 4: Opinião sobre as formas de contração e controlo do VIH e atitude em relação às PLWAs

Opinião sobre as formas de contrair o VIH (coeficiente alfa=0,64)	*Consciente (n=159)*		*Desconhecido (n=100)*	
	Frequência	*%*	*Frequência*	*%*
Beijo profundo na boca	*96*	*60.8*	*55*	52.9
Relações sexuais com uma pessoa infetada	*149*	*93.7*	*84*	*79.3*
Utilização de instrumentos não esterilizados	*137*	*86.7*	*74*	*71.2*
Partilha de agulhas na perfuração de orelhas	*136*	*86.1*	*85*	*81.0*
Partilha de roupa com uma pessoa infetada Contacto pessoal casual, por exemplo, partilha de	*14*	*8.8*	*18*	*17.0*
mãos, abraços	*14*	*8.8*	*10*	*9.4*
Opinião sobre as estratégias de controlo do VIH/SIDA **(coeficiente alfa=0,38)**				
Não se pode confiar nos preservativos para o proteger Se eu sugerir a utilização de um preservativo, o meu parceiro	*70*	*45.2*	*38*	*36.5*
vão desconfiar de mim	*73*	*47.1*	*53*	*51.0*
Se um homem dá uma prenda a uma			*60*	
mulher, espera sexo em troca	*101*	*64.3*		*57.7*
Não consigo tomar decisões correctas em matéria de sexo quando estou sob o efeito do álcool	*90*	*58.4*	*48*	*46.6*
Usar um preservativo mostra que me preocupo com ambos	*114*	*76.0*	*72*	*69.9*
Posso dizer ao meu parceiro que não vou ter relações sexuais sem preservativo	*91*	*59.9*	*71*	*69.6*
Atitude em relação às PLWAs **(coeficiente alfa=0,37)**				
Se um aluno/estudante estiver infetado com VIH/SIDA, devem ser retirados das instalações do dormitório	*45*	*30.2*	*45*	*45.5*
Se eu souber que um comerciante que está a vender tem VIH, não lhe comprarei comida Se um aluno/estudante declarar que é	*37*	*24.8*	*38*	*38.0*

seropositivo, mas não está doente, ele/ela devem ser autorizados a continuar a frequentar a escola.	*118*	*79.2*	*64*	*64.0*
Se um membro da minha família for infetado com VIH, gostaria que isso permanecesse em segredo	*87*	*58.8*	*72*	*72.0*

Também foi notado que os presentes oferecidos às mulheres pelos homens tinham condições, pois os homens esperavam sexo em troca. Entre os que sabiam da existência de Nyaweri, 101 (64,3%) responderam que se um homem desse um presente a uma mulher, esperaria sexo em troca. Entre os que não sabiam da existência de Nyaweri, apenas 60 (57,7%) afirmaram uma opinião semelhante.

Os resultados indicam que, enquanto 58,4% das pessoas conscientes da existência de Nyaweri e 46,6% das pessoas não conscientes consideravam que o álcool ou as drogas tinham influência na decisão de ter relações sexuais, 47,1% das pessoas conscientes e 51,0% das pessoas não conscientes expressaram o receio de que, se sugerissem a utilização de um preservativo aos seus parceiros, estes se sentiriam ofendidos, pois isso implicaria que estavam infectados pelo VIH/SIDA. Em geral, a utilização do preservativo pelos inquiridos neste estudo foi considerada popular como uma medida de segurança. Os inquiridos consideram que os preservativos também cuidam do parceiro. Os preservativos também foram considerados como um meio de proteção contra as IST e de prevenção de gravidezes indesejadas, tal como partilhado por um informador-chave que trabalha como coordenador de VCT em Nyaweri, no Nyanza:

"Sabemos que as pessoas surdas usam preservativos porque sempre que vêm obter informações no VCT, pedem preservativos quando saem. Segundo eles, isto protege-os das ISTs e da gravidez. O nível de utilização

do preservativo é elevado porque vemos que os preservativos desaparecem muito rapidamente dos distribuidores de preservativos. Os homens são mais abertos do que as mulheres, que têm vergonha de recolher os preservativos".

Estes comentários confirmam a preferência pela utilização do preservativo por uma grande percentagem dos inquiridos. Esta constatação é coerente com a afirmação geral de Ogot (2004) de que os preservativos são amplamente utilizados como forma de prevenção do VIH/SIDA e das IST. O facto de haver mais homens do que mulheres a retirar preservativos dos distribuidores pode não se dever necessariamente ao facto de as mulheres considerarem o ato vergonhoso, mas porque o que está normalmente disponível nos distribuidores são preservativos masculinos.

O nível de conhecimento do VIH/SIDA é fundamental para determinar o grau em que se pode evitar riscos e escolher uma estratégia para controlar o VIH/SIDA. Nesta avaliação, foi pedido aos inquiridos que justificassem a escolha das estratégias de intervenção utilizadas com base na sua perspetiva. Mais uma vez, os resultados foram categorizados e analisados em dois grupos de inquiridos, ou seja, os que conheciam e os que não conheciam o projeto Nyaweri. Os resultados foram condensados na Tabela 5

Quadro 5: Razões para a utilização do preservativo

Razões para usar preservativo nas relações sexuais	*Consciente Não.* *%*		*Unay Não.*	*aaee %*
Prevenção da gravidez	44	57.9	25	49.6
Proteção contra o VIH/SIDA	43	56.6	29	46.0
Proteção contra outras ISTs	36	47.4	25	39.7
Aventura	8	10.5	7	25.0
Razões para não usar preservativo quando ter relações sexuais				
Confio no meu parceiro	27	35.5	32	50.8
Sinto-me envergonhado	24	31.6	15	23.8
Os preservativos são caros	9	11.8	10	15.9
Os preservativos são complicados de utilizar	18	23.7	13	20.6
Sinto-me envergonhado por adquirir de dispensário	33	43.4	30	47.6
Sinto-me envergonhado por comprar na loja	31	40.8	28	44.4
Razões para não ter relações sexuais				
Não estou preparado para o sexo relação sexual	62	79.5	33	78.6
Não tenho dinheiro suficiente para comprar preservativos	13	16.7	13	31.0
Estou preocupada com a gravidez	66	84.6	34	81.0
Tenho medo de contrair DSTs incluindo o VIH/SIDA	67	85.9	38	90.5
Abstenho-me até ao casamento	41	52.6	31	73.8
Tenho vergonha de usar preservativos	20	25.6	16	38.1
Não tenho parceiro sexual	39	50.0	23	54.8

É de notar que a taxa de não resposta às questões sobre as razões para usar preservativos foi de 48% e a de não usar preservativos foi de 32%. Apesar destas taxas de não-resposta, e entre aqueles que tinham conhecimento da existência de Nyaweri, 44 (57,9%), 43 (56,6%) e 36 (47,4%) indicaram que os preservativos podem ser usados para prevenção da gravidez, proteção contra o VIH/SIDA e proteção contra as ISTs, respetivamente. Um participante de um FGD de Nyanza disse o seguinte

Preferimos a utilização de preservativos porque previnem a gravidez e as

IST"

As proporções entre os que não têm conhecimento foram mais baixas, pois 49,6%, 46,0% e 39,7% indicaram que os preservativos podem ser utilizados para prevenção da gravidez, proteção contra o VIH/SIDA e contra as IST, respetivamente. Num resultado interessante, poucos inquiridos, 10,5% dos que têm conhecimento e 25,0% dos que não têm conhecimento, indicaram que utilizam preservativos para a aventura.

A Tabela 5 também fornece as opiniões dos inquiridos sobre as razões para não usarem preservativos durante as relações sexuais. Entre os inquiridos que tinham tido relações sexuais e conheciam Nyaweri, 35,5% não usavam preservativos porque confiavam nos seus parceiros, 40,8% sentiam-se envergonhados de comprar preservativos onde quer que fossem comprados, 43,4% sentiam-se envergonhados de os adquirir num dispensário e 31,6% sentiam-se apenas envergonhados de usar preservativos. Entre os que não conheciam Nyaweri, 50,8% não usavam preservativos porque confiavam nos seus parceiros, 47,6% sentiam-se envergonhados de os adquirir nos dispensários e 44,4% sentiam-se envergonhados de os comprar na loja. O custo dos preservativos não parecia ser um problema, uma vez que apenas 11,8% e 15,9% dos dois grupos consideravam que não era uma razão para os impedir de os usar. Em suma, as pessoas simplesmente não usavam preservativos, quer por vergonha, quer por confiança nos seus parceiros. Cerca de 20% dos inquiridos afirmaram que os preservativos são complicados de usar como razão para não os usarem. Esta opinião é partilhada por Touko et al (2010).

Quando se pediu aos inquiridos que indicassem as razões para não terem relações sexuais, os resultados foram os seguintes: 85,9% dos que tinham conhecimento e 90,5% dos que não tinham conhecimento não tinham tido relações sexuais por receio de contrair DSTs, incluindo o VIH/SIDA, seguidos de 84,6% e 81,0% que estavam preocupados com a gravidez ou com a possibilidade de engravidar alguém, 79,5% dos que tinham conhecimento de Nyaweri e 78,6% dos que não tinham conhecimento de Nyaweri, não estavam prontos para ter relações sexuais. Isto foi confirmado por uma mulher inquirida do FGD de Kisumu e por um homem inquirido de Rongo, que relataram o seguinte

"É vergonhoso dar à luz antes do casamento - inquirido do sexo feminino.

"Não posso casar com uma rapariga que tenha dado à luz antes do casamento" - inquirido do sexo masculino

Quando questionados sobre a possibilidade de isolar um estudante com VIH/SIDA, o número de inquiridos que concordou que um estudante deve ser autorizado a continuar os estudos apesar do seu estado positivo foi de 79,2% e 64% entre os que tinham conhecimento e os que não tinham conhecimento, respetivamente, rejeitando o mito de que o VIH/SIDA é contagioso. Uma pequena proporção dos inquiridos, 30,2% dos que estavam conscientes e 45,5% dos que não estavam conscientes, concordou com o isolamento de um estudante seropositivo do dormitório. Alguns inquiridos consideram que uma pessoa infetada não deve manusear alimentos. Isto foi referido por 24,8% e 38% dos inquiridos que estavam conscientes e não estavam conscientes, respetivamente, indicando uma atitude muito mais negativa em relação às PVVS entre estes inquiridos.

Os resultados anteriores estão de acordo com o estudo de Hanass-Hancocks (2009), que refere que, embora as pessoas com deficiência tenham conhecimentos sobre o VIH/SIDA, certas medidas de controlo, incluindo as atitudes em relação às PVVS, ainda são negativas. Relativamente à declaração do estado, 58,8% dos que tinham conhecimento e 72% dos que não tinham conhecimento indicaram que não declarariam o estado positivo de um membro da sua família, mantendo-o em segredo. Em geral, a atitude em relação às PVVS era positiva, exceto em alguns casos em que os inquiridos tinham uma opinião diferente. Os resultados parecem sugerir que as pessoas que não têm conhecimento de Nyaweri ainda têm atitudes negativas em relação às PVVS.

Tendo em conta estes resultados, é seguro concluir que Nyaweri mudou, em certa medida, os padrões de comportamento dos jovens surdos, tal como confirmado por uma mobilizadora comunitária no centro de VCT de Nyaweri, quando comentou o seguinte

Monitorizamos o comportamento dos nossos clientes através de questionários preenchidos durante as visitas ao nosso centro de ATV e os resultados parecem mostrar uma diminuição do número de parceiros sexuais entre aqueles que foram aconselhados.

Observações semelhantes foram relatadas por uma participante do FGD de Rongo, Nyanza Sul, que disse

Algumas das minhas amigas, que eu sabia que tinham vários parceiros, mudaram depois do aconselhamento e têm agora um único parceiro.

Esta abordagem de Comunicação de Mudança Comportamental (BCCA) tem sido utilizada por muitos programas para aumentar a consciencialização (VSO/LVCT, 2008)

4.3 Atitude em relação à adesão ao ATV

A atitude dos jovens surdos relativamente à aceitação do ATV foi parcialmente determinada pelo grau de conhecimento que tinham dos tipos de serviços que Nyaweri oferece. Perguntou-se aos inquiridos a sua opinião sobre o impacto do projeto Nyaweri Deaf em termos de nível de mudança de comportamento. O coeficiente alfa para este conjunto de itens foi fixado em 0,73. A Figura 2 resume os resultados.

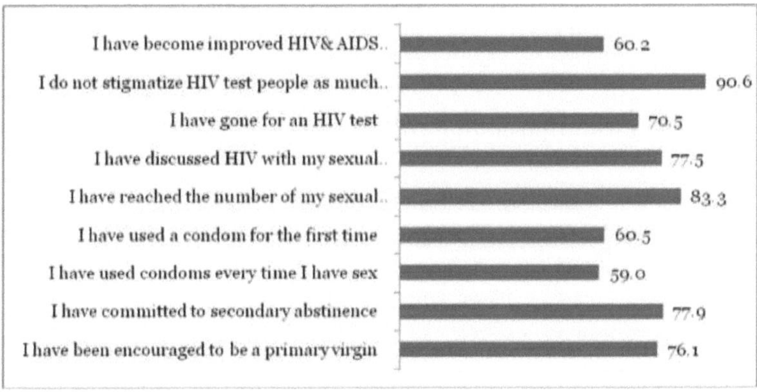

Figura 2: Níveis de mudança de atitude e de comportamento sexual (%)

A Figura 2 mostra como Nyaweri influenciou, até certo ponto, as decisões sobre os padrões de comportamento sexual em quase todas as áreas. Um número substancial de inquiridos, 70,5%, fez o teste do VIH e 60,2% juntou-se ao trabalho voluntário do VIH/SIDA (como educadores de pares) como resultado da sensibilização surda para o VCT de Nyaweri. Uma percentagem considerável, 90,6%, não estigmatizou as pessoas com VIH/SIDA, tal como indicado nos resultados. Alguns usaram preservativos pela primeira vez, 60,5%, enquanto outros, 83,3%, reduziram o número de parceiros sexuais. O VCT de Nyaweri influenciou ainda mais as decisões de encorajar a abstinência primária, 76,1%, a discussão sobre o VIH/SIDA com os parceiros sexuais, 77,5%, o compromisso com a abstinência secundária, 77,9%, e a utilização de preservativos sempre que se tem relações sexuais, 59,0%. A partir destes resultados, pode concluir-se com segurança que a mudança de comportamento entre os jovens surdos parece ter melhorado. Isto contradiz o estudo de Touko et al (2010) nos Camarões, em que as percentagens sobre o mesmo eram bastante baixas.

A Figura 3 mostra que os serviços mais conhecidos oferecidos pelo Projeto Nyaweri para Surdos eram os serviços de aconselhamento sobre VIH/SIDA (80,1%), seguidos dos serviços de aconselhamento geral (56,9%) e da terapia antirretroviral (46,3%), por esta ordem. O serviço menos conhecido foi a assistência domiciliária, que foi selecionada por 32,5% dos inquiridos.

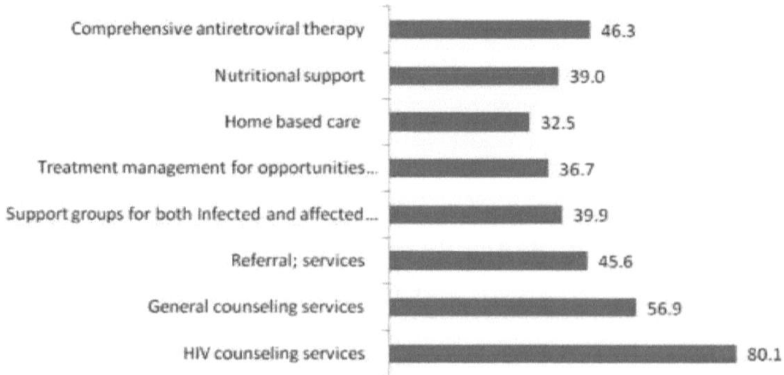

Figura 3: Conhecimento dos inquiridos sobre os tipos de serviços oferecidos pelo Nyaweri Project for the Deaf (%)

O nível de aceitação do ATV também foi determinado através da avaliação das mudanças de atitude e de comportamento sexual. Os resultados da Figura 2 mostram que um número substancial de inquiridos (70,5%) indicou que tinha feito o teste do VIH/SIDA. Um informador-chave do sexo masculino da Associação Nacional de Surdos do Quénia fez a seguinte observação

As pessoas surdas só recorrem ao VCT quando querem casar-se.

Os resultados das Discussões dos Grupos de Centragem revelaram que, embora os inquiridos tivessem conhecimento dos serviços de ATV, alguns sentiam que não havia pressa em fazer o ATV e que continuavam a demorar o seu tempo por razões que conheciam melhor. A falta de oferta de serviços de ATV nas zonas rurais foi amplamente citada como motivo para não visitarem os locais de ATV. Uma inquirida do GFD de Nyanza disse o seguinte

"Uma vez que o projeto Nyaweri não pode abranger todas as províncias do Oeste e de Nyanza, devem fornecer-nos as TIC a partir das quais podemos aceder a informações sobre o VIH/SIDA, especialmente sobre as questões relacionadas com o VCT."

Mais de metade dos inquiridos indicaram que não estigmatizavam as pessoas seropositivas, discutiam o VIH com os seus parceiros sexuais, usavam preservativos e comprometiam-se com a abstinência secundária. A análise das razões para a abstinência sexual revelou que uma grande percentagem de inquiridos (85,9%) entre os que estavam conscientes e 90,5% entre os que não estavam conscientes se abstinham devido ao medo de contrair IST e VIH/SIDA, seguidos de 84,6% e 81,0% que estavam preocupados com a gravidez.

4.4 Eficácia dos programas de sensibilização do projeto Nyaweri VIH/SIDA

Os programas de extensão de Nyaweri foram amplamente discutidos pelos inquiridos do Grupo Focal e foram assinalados vários pontos fortes, entre eles, uma forte base de recursos humanos com sete funcionários a trabalhar nas províncias de Nyanza e Ocidental, onde estavam particularmente envolvidos na mobilização da comunidade. Observou-se que o pessoal estava empenhado no seu trabalho e comunicava eficazmente com os seus clientes. Pareciam dotados de competências relevantes que lhes permitiam realizar o seu trabalho de forma eficaz. Verificou-se que todos os trabalhadores eram bilingues e utilizavam com competência a língua gestual queniana e o inglês escrito. O pessoal utilizou a abordagem Participatory Education Theatre (PET) durante as suas operações no terreno para transmitir informações. Verificou-se que existia uma boa cooperação e um bom fluxo de informação entre o pessoal e os clientes surdos. Um dos inquiridos do FGD, do sexo masculino, de Kisumu, comentou o seguinte

"O fluxo de informação é muito eficiente e exato. Se pedir uma determinada informação a um membro do pessoal e tentar confirmá-la junto de outro membro do mesmo gabinete, a informação será a mesma."

A mobilização da comunidade por pares surdos como estratégia foi apoiada por vários investigadores, entre os quais Philander (2006) e Taegtmeyer et al. (2008), que a descreveram como uma abordagem ao VIH/SIDA específica da deficiência, que é fundamental para ganhar confiança para participar no Aconselhamento e Testes Voluntários. No entanto, foram assinalados alguns desafios: a prestação de serviços nas zonas rurais era inadequada. Um inquirido referiu-se a este facto da seguinte forma

"Os surdos das zonas rurais são obrigados a esperar que o pessoal de Nyaweri lhes traga informações e serviços sobre o VIH/SIDA. Só recebem serviços quando os membros do pessoal os visitam após um longo período de tempo."

O grupo também referiu a discriminação na prestação de serviços. Os inquiridos queixaram-se do facto de certos grupos de pessoas terem preferência, enquanto os restantes faziam fila à espera de um conselheiro. Este ato desencorajava os clientes. Uma inquirida do FGD da província ocidental comentou o seguinte

"Pode-se esperar muito tempo na fila, ao ponto de, se se vier de longe, se passar uma noite na rua, porque é dada preferência aos que são considerados importantes e inteligentes."

4.5 . Factores que influenciam a implementação do Projeto Nyaweri Deaf

Os factores que influenciam a implementação do projeto Nyaweri são apresentados nesta secção. Estes são o nível de competência linguística dos jovens surdos, o financiamento das actividades de divulgação, o empenho do pessoal, a disponibilidade de ferramentas TIC e a procura de incentivos por parte das pessoas surdas.

4.5.1 Nível de competência linguística dos jovens surdos

Tal como observado por Cambridge (1997), as taxas de literacia das pessoas com deficiência são excecionalmente baixas, o que inclui os surdos. O desfasamento linguístico na comunidade surda é um problema global que, segundo Roberts (2006), conduz à falta de informação ou a informação distorcida. Apenas uma pequena percentagem da comunidade surda sabe ler e escrever inglês com competência. A barreira linguística foi uma questão fundamental nesta avaliação. Este facto foi evidente nas respostas e nas discussões dos grupos de centragem, em que a informação foi interpretada em Língua Gestual Queniana ou transcrita para uma compreensão clara. De acordo com um informador-chave responsável por um ATV em Nyanza, a falta de competência na língua falada e escrita foi um obstáculo ao fornecimento de informação sobre o VIH/SIDA à comunidade surda dessa área. Isto mostra como os surdos podem perder informação pertinente ou obter informação distorcida sobre o VIH/SIDA, especialmente se for apresentada em inglês, que é a língua mais comum. Para contornar esta situação, foi assegurado que o pessoal do Projeto de Surdos de Nyaweri é bilingue, sendo capaz de comunicar tanto em Língua Gestual Queniana como em língua escrita, e é capaz de interpretar informação de KSL para Inglês e vice-versa. Foi também assegurado que fosse criado um serviço de tratamento de Testes e Aconselhamento para o VIH/SIDA amigo dos surdos, utilizando conselheiros surdos para o VIH/SIDA e educadores de pares como principais prestadores de serviços em locais de ATV móveis e autónomos para surdos.

4.5.2 Financiamento das actividades de proximidade

Verificou-se que existiam dificuldades na área do financiamento para a realização de actividades de extensão, juntamente com a burocracia nas escolas para surdos criada pelos directores. Assim, os fundos para a implementação de programas de extensão eram geralmente inadequados.

4.5.3 Compromissos do pessoal

Na altura da realização desta avaliação, o Nyaweri Deaf Project tinha sete membros do pessoal a trabalhar nas regiões de Nyanza e Ocidental que tinham recebido formação em Língua Gestual Queniana. Como conselheiros, promoviam adequadamente os serviços de teste de VIH e de aconselhamento dirigidos aos surdos. O objetivo é que esses serviços possam vir a ser integrados nos locais de ATV para a população em geral. Embora o número de funcionários parecesse inadequado, especialmente nas zonas rurais, estavam muito empenhados no seu trabalho, com a única exceção de uma pequena forma de discriminação na prestação de serviços, quando algumas pessoas tiveram preferência sobre outras enquanto esperavam na fila de espera. Os inquiridos observaram que o pessoal de Nyaweri está bem formado e dotado de competências para realizar o seu trabalho. Utilizam eficazmente a linguagem gestual, o que facilita a comunicação entre os jovens surdos e a utilização da abordagem do Teatro Educativo Participativo (PET) durante as suas actividades no terreno. Foi também registado um fluxo de informação bom e eficaz.

4.5.4 Disponibilidade de ferramentas TIC

Foi relatado que os membros da comunidade surda nas zonas rurais não conseguiam aceder a informações sobre o VIH/SIDA através da televisão devido à falta de intérpretes de língua gestual na televisão e à falta de TIC que fossem compatíveis com os surdos. É necessário pôr isto em prática

4.5.5 Procura de incentivos

O debate permitiu constatar que os surdos estão habituados aos incentivos. Um membro fez a seguinte observação:

"Muitas vezes, os surdos exigem incentivos, especialmente dinheiro sob a forma de subsídios, para participarem no projeto."

Este é um grande obstáculo a muitos projectos para surdos. Argumentaram que os surdos adultos têm muitos compromissos que os fazem pesar o custo de oportunidade envolvido na participação em tais projectos e na procura dos seus meios de subsistência diários. Além disso, argumentaram que, devido à inflação, é difícil para eles participarem em reuniões que não têm ganhos económicos. Uma informadora-chave da Associação de Mulheres Surdas de Nyanza comentou o seguinte

"Comparativamente, é mais fácil mobilizar as crianças surdas nas escolas do que os adultos surdos, porque os adultos estão ocupados a tentar defender-se sozinhos."

CONCLUSÃO E RECOMENDAÇÕES

5.1 Conclusão

Este estudo estabeleceu que havia um conhecimento adequado sobre o VIH/SIDA entre os inquiridos surdos, independentemente de terem ou não conhecimento dos serviços de aconselhamento sobre o VIH de Nyaweri. Os inquiridos também deram prioridade aos vários meios de transmissão do VIH/SIDA. O nível de consciencialização das medidas de intervenção para os que conheciam e não conheciam a Nyaweri era igualmente elevado. Um número substancial de inquiridos foi fazer o teste do VIH e uma boa parte estava a trabalhar como educadores de pares e voluntários para o VIH/SIDA em resultado da campanha de ATV surda de Nyaweri. O nível de estigmatização das pessoas seropositivas era baixo. Como forma de prevenção, os preservativos eram utilizados por uma grande população e foi registada uma redução significativa do número de parceiros sexuais. Evidentemente, a virgindade primária era praticada, embora isto precise de ser melhorado. O projeto de VCT para surdos de Nyaweri estava a funcionar bem, com boa reputação e uma base de recursos humanos sólida. No entanto, havia necessidade de mais pessoal, especialmente para a mobilização da comunidade, para prestar serviços nas zonas rurais. Esta avaliação confirmou a preferência dos jovens surdos pelo uso do preservativo como medida de intervenção, reconhecendo que o preservativo previne o VIH/SIDA, as ISTs e a gravidez. Também foi observado que as atitudes dos inquiridos em relação às PLWAs eram positivas, exceto em alguns casos isolados. Os resultados sugerem que um bom número de inquiridos que não tinham conhecimento dos serviços de Nyaweri ainda tinham opiniões negativas em relação às PVVS. Evidentemente, o projeto surdo de Nyaweri parece ter criado impacto na comunidade surda, embora ainda haja muito a fazer, especialmente no que se refere à aceitação do ATV.

5.2 . Recomendações

Tendo em conta os resultados da avaliação, as recomendações são as seguintes

i. Uma abordagem multifacetada que inclua informação, serviços e atenção ao contexto em que os jovens surdos tomam decisões sobre sexo de risco e comportamentos relacionados deve ser a principal preocupação.

ii. Os programas que envolvem a educação sobre competências para a vida nas escolas devem ser enfatizados através da educação pelos pares e os esforços dos meios de comunicação social que utilizam a língua gestual queniana podem ser eficazes na transmissão de informações aos jovens surdos.

iii. O aconselhamento e teste voluntário (VCT) para o VIH/SIDA, que é uma abordagem comprovada para a promoção do sexo seguro, deve ser reforçado neste projeto.

iv. O ATV móvel através da mobilização comunitária deve ser reforçado através do aumento do número de prestadores de serviços comunitários e da disponibilização de meios de transporte.

Referências

Adonis, T., Célestin P., Mboua, P. M., Tohmuntain R. & Perrot, A. (2010). Sexual vulnerability and HIV seroprevalence among the deaf and hearing Impaired in Cameroon (Vulnerabilidade sexual e seroprevalência do VIH entre surdos e deficientes auditivos nos Camarões). *Journal of the International AIDS Society*, 13:5doi:10.1186/1758-2652- 13-5

Adoyo P.O. (2004). *Kenyan Sign Language and Simultaneous Communication; Differential Effects on Memory and Comprehension in Deaf Children in Kenya (Língua gestual queniana e comunicação simultânea; efeitos diferenciais na memória e na compreensão de crianças surdas no Quénia)*. Kisumu: Lake Publishers, .

Adoyo P. O. (2006). A report on the Nyaweri HIV/AIDS Awareness Project of the Deaf in Kenya. Em Constanza, S. & Monagan, L. (Eds.): *HIV/AIDS and Deaf Communities. International Journal of Deaf Studies, 22(1), 51-58.*

Banda, I. (2006). Deficiência, pobreza e VIH e SIDA. Recuperado em 29, 8/2010 de *http://www.dpsa.org.za/newsdetails.php.*

Alcala, M. J. (1995). Compromissos para a Saúde e Direitos Sexuais e Reprodutivos para Todos: Framework for Action-based on relevant international agreements and Conventions including Beijing, Copenhagen, Cairo and Vienna Conferences.

Cambridge, P. (1997). How far to Gay. The politics of HIV in Learning Disability. Disability Soc; 12: 427-453.

Chukwu, C. N. (2003). Ética Aplicada e VIH/SIDA em África. Eldoret, Quénia.

Collins P. (2001). Nós próprios, os nossos corpos, as nossas realidades: An HIV intervention for women with severe Mental illness. Jornal de Saúde

Urbana, 78, 162-175.

Iniciativa de promoção dos direitos das pessoas com deficiência (D.R.P.I). (2009). Situação dos direitos das pessoas com deficiência no Quénia.

Giro, S. (2004) Prevention in Practice: Três programas de prevenção do VIH/SIDA para pessoas com deficiência

G.O.K (2001). Política e Estratégia Nacional de Preservativos 2001 - 2005. Ministério da Saúde em colaboração com o Conselho Nacional de Controlo da SIDA, Nairobi, Quénia.

G.O.K (2003). Ministério da Saúde, Quénia. Política de desenvolvimento da saúde reprodutiva dos adolescentes: 2010-2015.

G.O.K (2008). Inquérito Nacional do Quénia sobre Pessoas com Deficiência.

Groce, N. E. (2004): HIV/AIDS & disability: Capturing hidden voices. Yale: Banco Mundial e Universidade de Yale.

Hanass-Hancock (2009). Deficiência e VIH/SIDA - uma análise sistemática da literatura sobre África. *Jornal da Sociedade Internacional da SIDA 12:34*

Hubley, A. M. (2002). The AIDS Handbook. Um guia para compreender o VIH e a SIDA. Organização Internacional do Trabalho (2004) Policy on HIV/AIDs, Genebra.

Inquérito sobre Indicadores de SIDA no Quénia (KAIS) 2008. Impressora do Governo, Nairobi Quénia.

Kenya National AIDS and STD Control Program (2010) recuperado de http://Nascop.or.ke/marps em 30/Sept/2011.

Plano Estratégico Nacional para o VIH/SIDA do Quénia (2005), Impressora do Governo, Nairobi, Quénia

Meletse J. & Morgan R. (2006) Personal reflections of a deaf HIV & AIDS

Positive Gay Man in South Africa. Em C. Schmaling & Leila Monagan (Eds). HIV/AIDS and Deaf Communities. Revista Internacional de Estudos Surdos, Douglas McLean, 22(1), 14-15.

Monaghan, L. (2003), Estatísticas da infeção pelo VIH em Maryland para populações ouvintes e surdas. Análise e sugestões de políticas - Deaf Worlds 22(1) primavera de 2006

Mugenda, O. M. & Mugenda, A.G. (1999). Métodos de investigação: Quantitative and Qualitative Approaches. Centro Africano de Estudos Tecnológicos (ACTS), Nairobi.

Oso, Y. W., & Onen, D. (2005). Guia geral para a redação de propostas e relatórios de investigação. A handbook for beginning Researchers. Kisumu: Options Press and Publishers.

Ogot, B. (2004). Politics and the AIDS pandemic in Kenya 1983 - 2003. Nairobi, Quénia

Phillander J.H., Swarts L. (2006); Needs barriers and concerns regarding HIV prevention among South Africans with Visual Impairment. A Key Informant Study; Journal of Visual Impairment and Blindness, 100: 111 115.

Roberts S. G. e Gwendolyn (2006). Sexuality and HIV/AIDS education among Deaf and hard of hearing Students. Em Constanza Schmaling e Leila Monaghan. HIV/AIDS and Deaf Community. Revista Internacional de Estudos Surdos. ISSN 1362-3125. P.111-139

Taegtmeyer; T., Opiyo, W. Mwachiro, L., Angala, P., Ngare, C., Marum, E (2008) A peer Led Counseling and Testing Programme for the Deaf in Kenya. Disability and Rehabilitation (Deficiência e Reabilitação), 31, 508-514.

Teferi A. (2006). Pessoas surdas e VIH/SIDA na Etiópia. Em Constanza Schmaling e Leila Monaghan. HIV/AIDS and Deaf Community. Revista Internacional de Estudos Surdos.

Touko A., Mboua, CP., Tohmuntain, P.& Perrot, A. (2010). Sexual Vulnerability and HIV seroprevalence among the deaf and hearing impaired in Cameroon (Vulnerabilidade sexual e seroprevalência do VIH entre surdos e deficientes auditivos nos Camarões). Jornal da Sociedade Internacional da SIDA

ONUSIDA (2009). Política em matéria de deficiência e VIH/SIDA. {http://www.who.int/disabilities/jc1632.policybriefdisabilityen.pdf}

UNICEF (1999). Inquérito global sobre adolescentes com deficiência. Uma visão geral dos jovens que vivem com deficiências; as suas necessidades e os seus direitos. Grupo de Trabalho Inter-Divisional sobre Jovens. Divisão de Programas: Nova Iorque.

VSO/LVCT (2008). Manual de boas práticas em matéria de VIH/SIDA para pessoas com deficiência

MIX
Papier aus verantwortungsvollen Quellen
Paper from responsible sources
FSC® C105338

Printed by Books on Demand GmbH, Norderstedt / Germany